RELATION DES PRÉPARATIFS

FAITS

POUR SURPRENDRE ALGER

RELATION DES PRÉPARATIFS

FAITS

POUR SURPRENDRE ALGER

PAR

Jeronimo CONESTAGGIO

(Imprimée à Gênes, chez Gioseppe PAVONI. — Réimprimée à Venise
chez Gio. Batt. CIOTTI, à l'enseigne de l'Aurore, 1602)

TRADUITE DE L'ITALIEN

ET ANNOTÉE

PAR

H.-D. DE GRAMMONT

ALGER

ADOLPHE JOURDAN, LIBRAIRE-ÉDITEUR

4, PLACE DU GOUVERNEMENT, 4

1882

ÉTUDES ALGÉRIENNES

AVANT-PROPOS

La plupart des écrivains qui se sont occupés de l'histoire de l'Algérie, en parlant des tentatives que l'Espagne fit à plusieurs reprises pour s'emparer d'Alger, n'en signalent que six : celle de Diego de Vera en 1516, celle de Hugo de Moncade en 1518, la célèbre expédition entreprise par Charles-Quint en 1541, la défaite d'O' Reilly en 1775, et les deux bombardements de Don Angelo Barcelo en 1783 et 1784.

La lettre que nous traduisons aujourd'hui vient combler une lacune regrettable ; elle nous apprend qu'en 1601, Philippe III dirigea contre Alger une flotte de soixante-dix galères et une armée de plus de dix mille hommes, sous le commandement du prince Andrettino Doria. On verra par la lecture de la lettre de Conestaggio combien il eût été facile de réussir, et à quels événements divers on doit attribuer l'insuccès de cette grande entreprise. Ce document, qui n'avait jamais été traduit en français, et qui semble être resté inconnu jusqu'ici (1), se

---

(1) De Thou est le seul historien qui ait eu connaissance de cette lettre : en tous cas, il est le seul qui raconte l'expédition de 1601. (*Histoire Universelle*, t. XIII, p. 627 et suiv.)

classera dorénavant parmi les plus curieux et les plus intéressants ; non seulement il révèle des faits entièrement ignorés de la plupart de ceux qui s'occupent de l'histoire d'Alger, mais il permet en outre de se rendre compte des véritables motifs de la petite attaque faite sur Mers-el-Fhâm, deux ans après, par le vice-roi de Minorque.

Le rassemblement d'une aussi formidable *armada* avait éveillé l'attention des contemporains ; la France, toujours en lutte avec l'Espagne, conçut la crainte que cet armement ne fût dirigé contre elle ; elle en surveilla activement l'emploi, et nous lisons dans les lettres qu'adressait à cette époque à Henri IV le célèbre Guillaume du Vair (1), premier président du parlement de Provence : « J'avois eu advis d'Espaigne que l'armée navale re-
» broussoit chemin et alloit en Arger ; avant-hier, il ar-
» riva bien une barque d'Arger, qui porte qu'elle a prins
» terre près d'Arger. Si nous en avons quelque autre nou-
» velle digne d'être escrite à Votre Majesté, je la lui feray
» promptement savoir. » (Lettre du 8 septembre 1601.)

Le premier instigateur de ce projet, le hardi capitaine Roux (2), fut mal récompensé de son audace et de son esprit d'entreprise ; après que le prince Doria l'eût écarté avec une finesse toute génoise, il se vit, à son retour en France, victime des soupçons qu'avait excités le rassemblement des troupes espagnoles. Nous lisons à ce sujet dans une lettre de du Vair du 21 mars 1602 : « Sire, je
» vous diray que j'ay continué à faire curieuse recherche
» des actions du capitaine Jacques Roux, pour voir s'il
» se pourroit tirer quelques preuves des choses dont on
» l'a soupçonné, attendant l'instruction qu'il plairoit à
» Votre Majesté nous en donner. Après avoir soigneuse-
» ment veu et reveu tous les papiers qu'étoient parmi
» ses hardes et enquis tous ceux qui le connoissoient,

---

(1) Lettres inédites de Guillaume du Vair, publiées par Philippe Tamizey de Larroque. (Paris, 1873, Aubry.)

(2) De Thou l'appelle Le Roux. (Loc. cit.)

» je l'ay de rechief fort particulièrement interrogé sur
» tout ce que j'ay estimé jusques icy estre à propos. J'en
» envoye un interrogatoire à Votre Majesté pour y faire
» la considération que sa prudence lui conseillera. »

Il paraîtrait que le Roi trouva quelque chose de sus-
pect dans les agissements du Capitaine, car il se trouvait encore en prison plus de deux ans après, ainsi que
nous l'apprend une nouvelle lettre de du Vair qui réclame
« *pour le geôlier, qui en a faict les avances sur sa pa-*
» *role, le payement de la dépense du capitaine Roux*
» *icy prisonnier, faict deux ans et demy.* »

Peut-être l'infortuné mourut-il en prison ; car depuis
ce moment, nous n'en avons plus de nouvelles.

La lettre de Conestaggio se divise en deux parties :

La première est consacrée à une histoire succincte de
la ville d'Alger ; on y remarque quelques erreurs, qui
peuvent paraître d'autant plus étonnantes qu'il n'y avait
pas encore un siècle qu'avait eu lieu la fondation de la
Régence, et que les Génois étaient en relations constan-
tes avec les côtes Barbaresques ;

La seconde partie fait l'historique de l'expédition ; elle
semble être conçue dans un esprit favorable au prince
Doria et destinée à le justifier d'une partie des accusations portées contre lui. Tel qu'il est, nous espérons que
ce document éveillera l'attention de tous ceux qui s'in-
téressent à notre histoire.

H.-D. DE GRAMMONT.

RELATION DES PRÉPARATIFS

FAITS

POUR SURPRENDRE ALGER

par Jeronimo CONESTAGGIO (1).

———

A NICOLO PETROCCINO, PROVEDITOR
DI CASA D'INDIA.

———

Bien que *Votre Seigneurie,* dans sa lettre datée du premier octobre, se défende de me donner aucun ordre, en alléguant que j'ai d'autres occupations, Elle m'apprend toutefois qu'Elle désire savoir exactement ce qui s'est passé dans l'entreprise qui a été dirigée contre Alger ; la raison en est qu'Elle a entendu émettre sur cette armada beaucoup d'opinions différentes ; je m'empresse d'obéir. Je dirai d'abord que ceux des citadins de cette

————

(1) Ieronymo Franchi de Conestaggio, historien génois de la fin du XVIe siècle et du commencement du XVIIe.

République qui n'ont ni occupation mercantile ni grande ambition, sont entièrement oisifs, comme je le suis moi-même, en sorte que je vous prie, en toute autre occasion, de ne pas craindre de me donner Vos ordres.

Encore que Votre Seigneurie connaisse, soit par sa propre expérience, soit par les livres ou les récits, les conditions dans lesquelles se trouve Alger, sa situation géographique, et combien elle moleste la Chrétienté ; comment cette ville est tombée des mains des Mores à celles des Turcs, et comment, favorisée par les tempêtes, elle a été victorieuse des entreprises dirigées contre elle, je veux cependant Lui raconter succinctement ces choses, afin d'éclairer mon sujet ; si je dépasse les bornes fixées par votre lettre, mon récit rappellera la fable de *l'Épître à la Lune,* qui, pour être d'un grand format, ne fut pas trouvée disproportionnée à la grandeur du sujet.

Alger, qui fut jadis *Julia Cesarea* (1), ou, selon les Mores, *Gezeïr*, est une ville et une province du royaume de *Tremissenne,* dans la *Mauritanie Césarienne*, région de la partie de l'Afrique que nous appelons Barbarie dans la nomenclature moderne. Elle est située sur le rivage de la mer Méditerranée, entre Oran et Bougie, celle-ci au Levant, l'autre au Ponant ; elle présente son front de mer au Nord ; ses côtés, se dirigeant au Midi, gravissent la montagne et s'étendent avec le territoire voisin vers le Grand Atlas. Elle est distante du détroit de Gibraltar de plus de quatre cents milles ; sa latitude est d'environ trente-trois degrés. Elle est entièrement entourée de fossés, de murs et de boulevards, qui ne sont pas aussi forts que nous les faisons maintenant, mais qui sont moins faibles cependant qu'on ne les faisait autrefois. Hors de la ville et à peu de distance, le côté du Levant est pourvu de quelques forts, mais tous de peu d'importance ; seule, la partie la plus élevée de la ville possède une forteresse qu'ils appellent l'*Alcasova,* plus forte et plus à craindre

---

(1) Alger se nommait jadis Icosium.

que les autres. Devant la ville et dans la mer, à la distance d'un trait d'arquebuse, est une petite île, sur laquelle le roi Ferdinand le Catholique, à l'époque où Alger était aux Mores, fit faire une forteresse par *Diego de Vera* (1), capitaine de son armée, pour réfréner les corsaires dont le voisinage causait grand dommage à l'Espagne ; cette construction eut pour effet, non seulement d'arrêter la course, mais encore de forcer *Selim Beni* (2), qui en était le Seigneur, à payer tribut et à conclure une longue trêve. Mais, lorsque plus tard *Horux Barberousse* (3) arriva en l'an 1515 à être Seigneur d'Alger, au nom du *Sultan Selin* (4), les Turcs s'emparèrent de la forteresse, que commandait alors pour le *Roi catholique,* le capitaine Martin de Vargas. Quelques années après, *Salh Arraës,* gouverneur d'Alger pour le Turc, unit l'île à la terre ferme avec un môle qu'il fit faire, et qui est celui qui se voit encore aujourd'hui (5).

Au temps des Vandales, cette ville fut détruite, puis reconstruite plus tard ; elle devint ensuite sujette du *Roi de Tremissenne,* qui la donna comme apanage à son second fils, et cela dura jusqu'à ce que *Albufarez,* roi de Tunis, s'étant fait Seigneur de *Tremissenne,* donna Bougie à l'un de ses fils avec le titre de Roi ; les Algériens, après la chute de l'ancien Roi, acceptèrent volontiers le nouveau ; ils reconnurent la puissance du roi de Bougie, en ne lui payant toutefois qu'un tribut annuel, presque sans autre sujétion. Ce pouvoir déclina peu à

---

(1) Ceci est une erreur : le Penon d'Alger fut bâti par les soins de Pierre de Navarre.

(2) Selim-et-Teumi.

(3) Aroudj Barberousse.

(4) Le sultan Selim. — Il y a ici une nouvelle erreur : ce ne fut pas Aroudj, mais bien son beau-frère Kheir-ed-Din, qui prit le Penon aux Espagnols, et ce fut seulement en 1529.

(5) Encore une erreur. — Ce n'est pas Salah Reïs qui fit construire le môle, mais bien Kheïr-ed-Din, qui se servit à cet effet des débris de la forteresse espagnole : Salah Reïs ne fit que l'agrandir et le réparer avec des matériaux tirés des ruines de Rusgunium.

peu et les Algériens s'en affranchirent; quelques nobles citadins la gouvernèrent alors à l'aide des Arabes, et c'est en cette situation que la trouva *Horux Barberousse* quand il s'en rendit maître. Les villes de cet État sont peu importantes, parce que beaucoup furent détruites dans les guerres des Arabes; les unes sont presque en ruines et les autres ne présentent plus que des décombres sans nom. Le pays est tempéré et arrosé de nombreuses rivières, qui descendent des montagnes voisines et fertilisent la campagne; une fois qu'on a dépassé les collines qui sont derrière la ville, le territoire est des plus fertiles, et abonde presque en toutes choses. Le peuple est mahométan, de même que les anciens Africains, et que la race arabe qui a envahi le pays il y a six cents ans; ce sont tous des Barbares; une partie vit dans la ville, une autre à la campagne sous des tentes, dont la réunion forme des villages qu'ils nomment *aduar;* ils ont beaucoup de cavalerie et de gens à pied sobres et durs à la fatigue. — Cette ville est célèbre par les prises que font ses corsaires sur les Chrétiens, et par le naufrage de l'armada espagnole qui tenta de l'occuper, en l'an 1516, alors que le cardinal *François Ximenes,* archevêque de Tolède, était ministre d'État de l'Espagne. Il venait de réussir à s'emparer d'Oran, et, sur la demande de *Bû Hamû,* roi de Tremissenne, qui lui promettait grande aide, il envoya attaquer Alger par une flotte et une armée de dix mille hommes, commandée par *Diego de Vera.* Mais avant qu'ils eussent fini de débarquer, n'étant pas secourus par le Roi More, ils furent attaqués par *Horux Barberousse,* à la tête de ses Turcs, et par les Arabes; ils furent défaits et mis en pièces; le sort de ceux qui étaient restés sur les navires ne fut pas meilleur; la fureur de la mer et des vents les jeta à terre en proie à l'ennemi, et il y eut plus de navires qui se perdirent qu'il ne s'en sauva. — L'année suivante (1), la

____

(1) Deux ans après.

guerre ayant été heureuse en Afrique, et *Martin de Argote* ayant tué *Horux Barberousse* et rendu le royaume de *Tremissenne* à *Bû Hamû,* qui l'avait perdu, Ugo de Moncade attaqua *Ariaden Barberousse,* qui avait succédé à son frère *Horux.* Avec une assez forte armada espagnole, et se confiant aux promesses qu'il avait d'être aidé du Roi de *Tremissenne* et du *Caid de Tenes,* il alla débarquer à Alger du côté du Ponant, presque certain de s'en emparer. L'armée, une fois débarquée, passa quelques jours en de chaudes escarmouches, sans voir aucun More venir à son aide ; et, comme *Ariaden* recevait chaque jour de nouveaux renforts de Turcs, de Mores et d'Arabes, le rembarquement fut résolu ; mais il n'était pas encore commencé, qu'une tempête impétueuse et subitement venue jeta nombre de vaisseaux à la côte ; ils furent la proie des Barbares, ainsi que l'armée. Quelques valeureux soldats espagnols, s'étant retranchés derrière des débris de navires, s'y défendirent vigoureusement, attendant que les vaisseaux restés intacts vinssent les délivrer ; mais, trompés par *Ariaden* qui leur promit la liberté, ils furent, malgré la foi jurée, faits esclaves par l'Infidèle barbare (1). — *Charles-Quint,* après avoir chassé *Ariaden* de *Tunis,* et restitué cet État à *Mulei Hascenan* (2), débarqua de sa personne à Alger avec une puissante armada, au mois d'octobre de l'année 1541. Le Gouverneur pour les Turcs était alors *Hascen-Aga,* renégat Sarde ; l'armée débarqua, non sans résistance, à la partie du Levant qui confine la ville. Mais, le quatrième jour, la mer commença à grossir de telle sorte que, les navires et les galères ne pouvant plus lutter, beaucoup furent jetés à terre et fracassés. L'armée, victime du mauvais temps, des pluies, ayant l'en-

---

(1) Kheïr-ed-Din suivit l'exemple que lui avaient donné les Espagnols, qui avaient fait tuer son frère, auquel on avait promis la vie sauve, à la capitulation de la Kalaa des Beni-Rachid.

(2) Muley Hassan.

nemi à ses flancs et peu de vivres, souffrit beaucoup ; le prince *André Doria,* ayant rassemblé les galères restées intactes, s'en fut à Metafus, lieu vers lequel l'armée s'achemina avec grande incommodité, à cause des fleuves qu'il fallait traverser, et des Arabes, qui, avec une grande masse de cavalerie, la harcelèrent sans cesse. L'Empereur s'embarqua avec son armée, et regagna l'Espagne (1), non sans avoir eu à affronter une nouvelle tempête et de nouveaux périls. Tels furent les naufrages qui ont rendu Alger célèbre ; c'en est assez pour faire juger des dangers de l'expédition qui vient d'être entreprise.

Pour parler du présent, *Votre Seigneurie* doit savoir que la première chose que demandent à leur Roi les délégués des États d'Espagne, c'est qu'il s'empare d'Alger ; disant que, faute par lui de le faire, ils ne pourront lui payer ni contributions ni subsides, attendu qu'à cause du voisinage de l'Afrique, les Turcs sont continuellement avec leurs galiotes à piller les côtes ; en quoi ils sont aidés et bien accueillis par les Mores, descendants de ceux de la grande invasion faite au temps du roi Roderic ; ils se conduisent ainsi par haine des Espagnols, et aussi parce que la plupart sont originaires d'Alger (2). Et, de fait, les grands dangers que font courir à l'Espagne le voisinage d'Alger et l'audace de ses vaisseaux se manifestèrent clairement en l'an 1570, alors que les Mores de Grenade se soulevèrent, et que leur révolte fut fomentée et soutenue par les armes de l'Afrique. — C'est pour cela que le *Roi catholique* et tout

---

(1) Après avoir été forcé de séjourner quelque temps à Bougie.

(2) Il est au moins très contestable que les Mores en question aient été originaires d'Alger : mais il est certain qu'à l'époque de la révolte de 1570, ils fussent aidés par les Algériens : quarante vaisseaux se rendirent à Alméria le mercredi saint, par ordre d'El Euldj Ali ; ils y débarquèrent des armes, et ne se retirèrent que lorsque tout espoir fut perdu.

son peuple regardent sans cesse Alger d'un mauvais œil ; mais, distraits par des guerres plus importantes, ils ont jusqu'ici négligé cette entreprise ; comme s'il y avait quelque chose qui eût plus sa raison d'être que de combattre les Hérétiques et les Infidèles !

Il y a deux ans, et au moment où l'on ne pensait aucunement à attaquer Alger, un Français, nommé le *capitaine Roux,* se présenta au *prince Doria* qui se trouvait alors ici comme Capitaine Général des armées du Roi. Ce Français était celui qui, dans ces dernières années, commanda les galères du *Grand Duc* dans *l'Archipel* lors de la prise de l'île de *Chio.* Se montrant bien informé des affaires de la Barbarie, il chercha à persuader au Prince (1) que ce serait chose facile que d'enlever Alger aux Turcs. Les raisons sur lesquelles il s'appuyait étaient les suivantes : — Que la garde de la ville était négligée ; parce que, se fiant à leurs fortifications, la plupart des Janissaires se gardent mal et ne mettent pas de sentinelles ; — qu'au milieu de juin, cette troupe, qui est habituellement composée de sept à huit mille Turcs, commence à sortir d'Alger en divers corps et à aller dans l'intérieur pour y percevoir le tribut, qu'ils appellent *garama*, et qu'il n'en reste en ce moment dans la ville qu'environ deux mille. — Secondement, que beaucoup de ces derniers vont en voyage à divers endroits et à diverses époques, mais avec l'obligation d'être revenus au commencement de septembre, auquel temps ils se réunissent autour de la ville en campant sous leurs tentes, et en attendant qu'ils soient tous réunis pour faire leur entrée ; d'où il s'en suit qu'on est certain de trouver au mois d'août la ville presque dépourvue de défenseurs. De plus ; que, dans ce mois, la majeure partie des princi-

---

(1) Il est évident qu'il ne s'agit point ici du grand *André Doria*, qui était mort en 1560, âgé de 93 ans. Celui-ci portait le nom de *Jean André*, et les Génois l'appelaient *Andrettino*, nom sous lequel il est souvent désigné.

paux citadins sont dans leurs propriétés, occupés à faire les récoltes ; et que les corsaires sont partis en course avec les galiotes. Il en résulte, qu'avec quatre navires chargés d'armes et de soldats, se déguisant en vaisseaux marchands, il serait aisé de s'introduire dans le petit port, facile de s'emparer à l'improviste de la porte qui est près de *la Marine,* et, par suite, de la ville ; surtout en appelant aux armes les esclaves chrétiens, qui y sont toujours en très grand nombre. — Telle était la substance de son raisonnement ; au point de vue militaire, il entrait dans d'autres détails de moindre conséquence. Le Prince, qui ne connaissait pas très bien l'homme auquel il avait affaire, conçut des doutes sur l'exactitude de ses affirmations ; toutefois, il lui semblait qu'il y avait quelque chose de bon au fond de tout cela ; bref, il était plein d'hésitation et d'incertitude sur ce qu'il devait faire. Néanmoins, jugeant que c'était une aventure où on ne risquait qu'une petite perte contre un gros gain, il envoya le Français en Espagne pour qu'il y expliquât son projet au Roi (1) ; mais, en outre, il envoya un émissaire à Alger pour en prendre le plan, et recueillir des informations particulières sur tout ce qu'avait dit le Français ; il cacha cependant à cet envoyé de qui il tenait ces renseignements et l'usage qu'il en voulait faire. Après avoir été entendu en Espagne, le *capitaine Roux* fut renvoyé au *Prince ;* il lui apportait l'ordre de se préparer à l'entreprise contre Alger ; on laissait à son choix le temps, la manière de s'y prendre et les détails de l'expédition ; il lui était recommandé d'être tellement discret, que les premiers Ministres eux-mêmes devaient tout ignorer. Le *Prince* commença immédiatement ses préparatifs ; et, tout d'abord, comme le Français était très loquace, et qu'il ne le jugeait pas capable de garder un secret, il le renvoya de *Gênes* quelques jours après, en lui disant que son projet était séduisant, mais que le Roi ne pou-

---

(1) Philippe III.

vait pas aventurer ses troupes dans une entreprise aussi
incertaine, et il partit, après avoir reçu une récompense.
Ensuite, le Prince chercha un soldat espagnol, ayant
l'expérience de la guerre, pour l'envoyer à Alger s'occuper de nouveaux soins et prendre de plus sûres informations. A cette fin, il choisit *Antonio de Rojas,* alferèz de
Inigo di Borgia, maître de camp en Lombardie, et le fit
passer en Afrique, avec ordre d'aller de là en Espagne,
et d'y rendre compte au Roi de tout ce qu'il aurait vu.
Cet homme, ayant (ainsi que l'autre) rempli sa mission,
fit à son retour un rapport qui augmenta beaucoup le
désir qu'avait le Roi de tenter la prise d'Alger, en lui
affirmant qu'il était vrai qu'au mois d'août la ville était
mal gardée. — Puis, le temps s'écoulant toujours, le
Prince voulut saisir l'occasion de s'acquitter de sa mission avec le plus de sécurité et le moins do dépenses
possible pour *Sa Majesté.* Une partie des troupes espagnoles reçut l'ordre de s'embarquer à Naples et en Sicile,
avec quelques Italiens. Le *Roi,* au commencement de cette
année 1501, avait réuni une grosse armée dans le Milanais, non pour la sûreté de cet État, mais pour venir en
aide au *duc de Savoie,* qui était alors en guerre avec le
roi de France, ou pour d'autres causes dont je ne veux
pas m'occuper présentement. Mais, un accord était sur-
venu entre la France et la Savoie, et, cette armée inquié-
tant les *Princes italiens,* le *Roi* avait l'intention de la
licencier. Le *Prince* prit de là occasion d'en demander et
d'en obtenir quelques régiments, et le reste fut envoyé,
partie en *Flandre* à l'*Archiduc Albert,* partie en *Carin-
thie* à l'*Archiduc Ferdinand,* cousin du *Roi,* comman-
dant alors l'armée contre les Turcs, qui lui avaient pris
Canissa. — Composer une armée propre à cette entreprise, l'approvisionner, embarquer les soldats et les
aventuriers, et faire tout cela en secret, était, pour main-
tes raisons, chose bien difficile. Les galères du *Roi*
étaient en petit nombre ; une partie se trouvait en mauvais état et demandait des réparations ; il fallut prier les

Princes voisins de prêter les leurs, commander aux *Vices-Roi de Naples* et *de Sicile* d'apprêter, non seulement les galères et les troupes à embarquer, mais encore les vivres et les munitions nécessaires. Pour avoir tout cela à temps, le *Prince* avait reçu des lettres du *Roi*, qui devaient lui servir à hâter l'appareillage aussitôt que cela lui plaîrait ; comme il savait combien la côte de *Barbarie* est dangereuse depuis l'automne jusqu'à la fin de février, il pria tous les Ministres de vouloir bien apporter la plus grande activité à exécuter les ordres du *Roi*. Il faut ajouter qu'il avait l'intention de faire une longue traversée ; car, bien que la route directe eût été d'aller d'ici à *Majorque,* pour mieux dissimuler, et afin que les *Turcs* ne pensâssent pas à se défendre, il avait résolu d'aller d'ici à *Naples* et en *Sicile* ; et de là, traversant le golfe, de se rendre à *Majorque* par cette voie détournée. Mais, malgré tous ces soins, comme le Diable s'oppose volontiers aux projets faits pour la gloire de Dieu, il ne manqua pas de lui arriver mille choses propres à contrarier ses desseins.

Le *comte de Fuentès*, gouverneur de *Milan* et général en Italie, où il commandait l'armée du *Roi,* ne se contenta pas des premières instructions qu'il avait reçues pour donner au *Prince* une partie de ses troupes ; il exigea qu'on lui envoyât *d'Espagne* un nouvel ordre, qui arriva, à la vérité, peu de temps après ; mais ce n'en fut pas moins une cause de retard.

A *Naples,* où on devait tenir prêtes les galères de ce royaume, avec commandement exprès du *Prince* qu'elles ne quittâssent point les côtes, on leur ordonna ou on leur permit d'aller en course dans le Levant, d'où elles ne revinrent que le 7 juillet, fatiguées et ayant besoin de nombreuses réparations.

Le nombre des galères de *Sicile* se trouva avoir diminué au lieu de s'être accru, et elles restèrent oisives dans les différents ports de l'île, au lieu de se rendre à

Messine, où devait se faire le rassemblement ; elles n'y arrivèrent que le 1er août.

Celles *d'Espagne* vinrent si tard, qu'elles ne seraient pas arrivées à temps pour partir, si les autres se fussent conformées aux ordres donnés.

Quoique le *Prince,* qui était alors à *Gênes,* ne connût pas encore cette mauvaise exécution de ses ordres, il expédia des courriers pour commander qu'on se hâtât d'apprêter et de charger les navires ; ensuite, ayant appris peu à peu combien ses intentions étaient mal secondées, il vit bien, qu'en présence de cette désobéissance, il lui était presque impossible de réunir en un temps limité, une telle quantité de galères et de troupes. Mais, comme le désir de la gloire était plus puissant chez lui que l'amour même de la vie, le *Prince* (pourtant bien vieux), avide de renommée, voulut vaincre toutes les difficultés possibles par son activité et son courage ; il embarqua donc le 27 juin les soldats *espagnols et italiens* qui venaient du *Milanais,* sur les galères commandées par *Carlo Doria,* son fils ; il manda ensuite à *Naples* d'accélérer le mouvement et partit le 4 juillet avec *la Reale,* cinq galères du *Pape,* six de la *République de Gênes,* quatre du *Grand Duc,* et le reste des troupes du corps qu'il emmenait avec lui. Arrivé à *Naples* le 15, il s'y arrêta jusqu'au 17 ; il arriva à *Messine* le 19, et reconnut partout qu'on n'avait obéi ni aux ordres du *Roi,* ni aux siens.

Comme les galères de *Sicile* ne se trouvèrent pas à *Messine,* que celles de *Naples* ne purent le suivre à cause de la nécessité où elles se trouvaient de réparer les avaries causées par le voyage du Levant, et par les autres raisons dont j'ai parlé plus haut, dix-huit d'entre elles ne rejoignirent à *Messine* que le 24, sans être espalmées et amenant leurs provisions dans des barques. On peut juger des maux qu'entraînèrent tous ces retards, en pensant qu'il arriva tout le contraire de ce qui aurait dû être et de ce qui se voit dans toutes les autres occasions ;

à savoir, que l'armée auxiliaire fut prête plus à temps et se montra plus exacte que l'armée régulière; que les escadres des *Princes* alliés ne dépassèrent pas d'une heure les délais fixés par les ordres; les galères qui parurent peu nécessaires pour attaquer vigoureusement l'ennemi, furent envoyées dans les mers du Levant pour y occuper les Turcs par leurs incursions, afin qu'ils pensâssent moins aux affaires de Barbarie. Dans le même but, le *Prince* pria le *Grand-Maître de Malte* (1) d'envoyer ses galères en course dans ces mers. De plus, pour gagner du temps, pendant qu'il était arrêté avec dépit par le retard des galères de *Sicile,* il envoya son fils *Carlo* à la tête de son escadre, de celles du *Pape* et *de la République,* avec injonction de se rendre à *Majorque* en passant devant *Palerme* et la *Sardaigne,* et de mettre ordre à toutes les choses qui en auraient besoin. Il commanda aux galères de *Naples* d'aller à *Palerme,* où les galères d'Espagne devaient venir compléter leurs approvisionnements selon l'ordre qu'il avait donné, en leur enjoignant de remorquer les vivres qu'elles avaient apportés à cet effet. Enfin, les galères de *Sicile* arrivèrent le 1er août; le nombre de celles du *Roi* avait diminué, et le nombre de celles des auxiliaires augmenté; on y embarqua mille soldats du bataillon de *Calabre,* et on partit pour *Palerme,* où on arriva le 4. De là, les galères de *Naples* et celles *d'Espagne* furent à *Trapani,* où elles se rejoignirent à celles de *Toscane;* celles de *Naples* avaient dû retourner en arrière pour embarquer leurs soldats. De là, ils partirent pour la *Sardaigne,* et, du 5 au 10, ils arrivèrent à l'île de *St-Pierre,* où le mauvais temps les força de séjourner le 12 et le 13, jour où on reprit la mer avec une grande bourrasque; (qui fut cause de la perte d'une felouque; mais on en sauva l'équipage). Il fallut aller s'abriter en *Sardaigne* dans le port de *Gon-*

---

(1) Le Grand-Maître était alors Alof de Vignacourt.

ti, lieu inhabité; on partit de nouveau, et le 19 on fit jonction à *Majorque.*

Le *Prince* voyait que la saison s'avançait; et, sachant qu'aucune chose ne s'envole plus vite que l'ocasion, et que les lenteurs causent la ruine des entreprises les mieux combinées, le moindre retard le faisait souffrir; aussi ne passa-t-il là que cinq jours, pendant lesquels il fit exécuter tout ce qui était nécessaire, chose qui paraissait impossible en aussi peu de temps. Il se pourvut des pilotes les plus experts et les plus célèbres parmi ceux des Majorquins qui vont journellement à *Alger.* Il consacra une journée entière à tenir un conseil de guerre, et il fit annoncer à toute l'armée : que, de ce lieu, et à partir du 28, ils avaient le bénéfice du Jubilé concédé par *Sa Sainteté le Pape Clément VIII,* avec la bénédiction de l'Évêque Légat, qui venait avec eux en Barbarie. L'armada et l'armée embarquées étaient composées de la manière suivante :

Il y avait soixante-dix galères; savoir : la *Réale* avec seize bâtiments de l'escadre de *Gênes* et deux du *Duc de Savoie* à la solde du *Roi,* le tout commandé par *Carlo Doria, Duc de Tursi,* leur général; seize de *Naples* commandées par *Pierre de Tolède;* douze de *Sicile,* dont neuf du *Roi* et trois du *Duc de Macheda,* conduites par *Pierre de Leïva;* onze d'*Espagne,* commandées par le *Comte de Buendia;* cinq du *Pape* sous les ordres du *Commandeur Magnolotto,* son lieutenant; six de la *République de Gênes,* sous les ordres du *Comte Gio,* avec *Tomaso Doria* pour général; et quatre de *Toscane* que commandait *Marc-Antonio Calafatto,* amîral des galères de l'*Ordre* de *Saint-Étienne.* Mais celles de *Naples,* de *Sicile* et d'*Espagne* étaient mal en ordre, et si pauvres en rameurs qu'il fallut à Majorque prendre la chiourme d'une des escadres pour que les autres fussent pourvues convenablement. Les soldats étaient plus de dix mille.

Les *Espagnols*, répartis alors en *terces* (1), étaient commandés ainsi qu'il suit : seize cents de *Lombardie*, commandés par *Jnigo di Borgia* ; mille de *Bretagne*, par *Pedro di Toledo di Anaya;* deux mille de *Naples*, par *Pietro Vivero;* douze cents de *Sicile* par *Salazar Castellano, de Palermi;* cinq cents de l'armée du Gouverneur *Antonio Quinones;* deux mille cinq cents *Italiens,* obéissant aux ordres de *Barnaba Barbo;* et mille cinq cents du bataillon du royaume de *Naples,* sous le commandement du Maître de Camp *Annibale Macedonico;* en outre, les galères de *Sa Sainteté* avaient offert de mettre à terre trois cent cinquante bons soldats et celles de *Toscane* quatre cents; de plus, beaucoup de *Chevaliers de Saint-Étienne* s'étaient joints à l'expédition. Le *Prince* avait donné le commandement général à son Maître de Camp *Manuel de Vega Capo di Vacca,* capitaine expérimenté et d'une grande bravoure. Il y avait encore des aventuriers, gens dont on devait faire grand compte; parmi lesquels, outre le *Duc de Parme,* qui, avec deux cents cavaliers, ses vassaux, vieux soldats de *Flandre,* s'embarqua sur la Capitane de *Carlo Doria,* on remarquait : *Virginio Orsino,* duc de *Bracciano,* sur la Capitane de *Florence;* sur *la Reale,* le Marquis d'*Elche,* premier né du *Duc de Macheda; Alo Idiaqués,* général de la cavalerie légère de l'État de Milan, qu'avait choisi le *Prince* comme son lieutenant; *Diego Pimentel, Manuel Manriques,* grand commandeur d'Aragon, le comte de *Celano,* le marquis de *Garesfi, Hercule Gonzague, Gio Geromino Doria, Aurelio Tagliacarne* et quelques autres capitaines et personnes de qualité, parmi lesquels sept ou huit gentilshommes romains. Le plan d'attaque était le suivant : on devait s'avancer ensemble vers la ville et s'arrêter à une assez grande distance pour ne pas être vus de la terre : là, on devait mettre dans de petites embarcations

---

(1) La *terza* était l'unité tactique des vieilles bandes espagnoles.

trois cents arquebusiers avec deux pétards et s'avancer vers le rivage, pour attaquer la porte de la Cité qui est à la *Marine,* et, quand elle aurait été brisée et prise par les soldats, la flotte devait se porter rapidement et courageusement en avant et débarquer l'armée. On avait prévu ce qu'on devait faire pour secourir ces arquebusiers dans le cas où ils ne réussiraient pas à s'emparer de la porte, et pour s'opposer à d'autres éventualités fâcheuses; *la Reale*, avec quinze autres des meilleures galères, étaient désignées pour marcher les premières à leur secours.

Le 30 août, l'armada arriva en vue de l'*Afrique ;* mais débandée, parce que, bien que l'ordre eut été donné qu'au moment où on commencerait à avoir connaissance de la terre, toutes les galères vinssent rallier *la Reale,* elles avaient si mal navigué, et avec tant de mollesse, qu'au point du jour elles se trouvèrent toutes dispersées; la *Capitane de Sicile,* entre autres, se trouva tellement en arrière qu'on ne la voyait plus; en sorte que l'heure où les ordres eussent dû être le plus rigoureusement observés, fut celle où ils le furent le moins; il fallut perdre plus de trois heures à rassembler la flotte. Les mâts furent ensuite abattus et les voiles carguées; on atterrit à trente milles de la ville, et, comme les pilotes ne reconnaissaient pas le pays avec certitude, il sembla peu prudent de rester dans cette position. Le *Prince* jugea convenable de faire reconnaître la terre par de petites barques, pour y chercher un point de la côte plus rapproché où il se trouvât un ancrage pour de grands vaisseaux ; aller plus loin eût été une faute parce qu'il avait, dès lors, pour plus de commodité, fait mettre des troupes dans les petites felouques, et se disposait à ramener l'*Armada* en vue d'*Alger.* Les pilotes chargés de reconnaître la côte ne revinrent pas avant le soir, à la grande colère du *Prince* qui ne savait qu'en penser, appréhendant qu'ils ne se fussent laissé faire prisonniers, ou qu'ils n'eussent pris la fuite; il n'était pas croyable qu'ils se fussent volontairement rendus aux Turcs; car, lors même qu'ils l'eussent voulu, les équipages des felouques, bien supérieurs en nombre, ne s'y seraient pas accordés; il n'y avait rien à craindre de la mer qui était très tranquille, et pourtant un tel retard, arrivant à ce moment, était étrange et funeste. Le soir venu, les pilotes rejoignirent la flotte, rapportant que le courant les avait entraînés dans le Levant, à cinquante milles d'*Alger*, et, qu'en raison de cet éloignement (ce ne fut pas un petit mal), ils n'avaient pu s'approcher de la terre, parce qu'il y avait trop à craindre d'être découvert. L'armée partit de là le jour suivant, entièrement réunie, pour se rendre au lieu désigné; déjà chacun s'apprêtait pour le débarquement; on avait fait descendre dans les frégates et les felouques les troupes qui devaient frapper le premier coup, et tous les ordres nécessaires avaient été donnés. C'était une belle chose que de voir l'honorable émulation des soldats; chacun d'eux montrait la plus noble ardeur; comme c'était parmi les *Espagnols* qu'avaient été choisis les trois cents hommes embarqués sur les frégates pour marcher les premiers, les *Italiens* se plaignaient de ce qu'on ne leur laissait pas prendre aussi leur part de la première gloire; ils envoyèrent le *Duc de Parme* au *Prince* pour lui demander avec instance de faire partie de cette avant-garde; mais lui, ne voulant pas mélanger les nations, promit de leur donner satisfaction à un autre débarquement. A la fin de la nuit, et comme ils n'étaient plus éloignés de la terre de plus de vingt milles (pour dernier contre-temps), le vent Grec commença à souffler du Levant, et il fut toujours en s'accroissant, avec une telle violence, que l'on ne pouvait, sans un risque manifeste de se perdre, ni rester en panne en pleine mer, ni débarquer; il fallut donc, non seulement retirer les soldats qui étaient descendus sur les frégates, mais encore laisser porter les galères là où le maudit vent le voulait, et on commença à fuir devant le temps. La flotte se rejoignit à *Majorque* le 3 septembre ; ce triste temps continua pendant plusieurs jours, et le *Prince* l'observait avec le plus grand soin, pour voir s'il lui serait possible de retourner en *Barbarie ;* car, il lui était douloureux de se voir enlever des mains une si glorieuse entreprise par l'inclémence de la saison. Et, pendant qu'il se demandait ce qu'il convenait de faire, quantité d'avis différents s'émettaient dans l'*armada ;* comme les jugements des hommes sont variés, les uns eussent voulu une chose et les autres une autre ; les simples soldats, avides de butin, eussent voulu retourner à tout risque et malgré le vent ; tandis que les plus expérimentés, considérant l'état des choses, se montraient plus judicieux, sachant bien qu'il n'était possible, ni de naviguer, ni de débarquer avec un vent contraire. Enfin, le *Prince,* ayant tout bien considéré, ne se résolut pas à continuer l'entreprise ; il faut ajouter que la saison était tellement avancée, qu'au moment où le vent parut commencer à vouloir se calmer, on n'aurait pu arriver qu'après le 10 septembre, jour où les milices turques sont déjà rentrées à *Alger ;* ce qui faisait écrouler la base sur laquelle on avait fondé l'entreprise. En outre, la tentative se trouvant ébruitée, les *Turcs* avaient facilement pu en avoir connaissance, et on n'aurait plus eu sur eux l'avantage de la surprise ; l'*armada* n'avait de biscuits que pour le mois de septembre ; toutes ces raisons firent penser au *Prince* qu'il n'était pas raisonnable d'aller témérairement à sa perte, comme l'avaient déjà fait trois *armadas* plus considérables que la sienne ; qu'il valait mieux conserver celle-ci pour un meilleur temps et une meilleure occasion ; il licencia donc les galères des *Potentats* (1) et renvoya celles du *Roi* dans leurs ports respectifs ; c'est ce qu'il y avait de mieux à faire ; et aussi bien, dans les choses humaines, celui qui ne sait pas se résoudre à laisser blâmer sa

---

(1) Les Princes souverains de l'Italie.

conduite par quelques-uns, ne saura jamais se décider à faire le bien. Beaucoup de gens, qui, avec grand désir de voir détruire cette caverne de bandits, avaient fondé de grandes espérances sur cette *armada,* se voyant désillusionnés, tombèrent dans un excès assez commun à tous les hommes ; lorsqu'ils se sont flattés trop facilement de la réussite de leurs désirs, quand les événements ne les favorisent pas, ils ne savent pas considérer de sang-froid tout ce qui s'est opposé au succès, et se trouvent portés par un malheureux instinct à attribuer à de faux motifs la ruine de leurs espérances ; mais les hommes de jugement sont plus lents à se prononcer ; et les Capitaines prudents craignent plus le jugement de quelques-uns de ceux-là que celui de toute la multitude ignorante. Beaucoup de gens sont plus diligents à blâmer des erreurs douteuses qu'à louer des exploits certains. Vous avez vu que le *Prince* fut amené à partir dans des circonstances contraires ; mais s'il avait pu savoir que son retour servirait à l'accabler, peut-être aurait-il risqué et perdu son armée. Ce qu'on peut dire véritablement et qui doit sembler étrange, en considérant l'obéissance à laquelle est accoutumé le *Roi Catholique,* si grand et si puissant, c'est que, dans cette entreprise, ses ministres n'observèrent pas ses ordres ; la désobéissance des galères de *Naples* et de *Sicile* fut la véritable cause qui, par la perte de temps, empêcha de conduire à bonne fin une expédition dont le succès importait tant à toute la Chrétienté. J'en ai entendu donner des raisons bien diverses. Les uns veulent que la lenteur naturelle aux *Espagnols* en soit cause, disant qu'il ne faut pas essayer de demander de l'activité à ces troupes sûres et disciplinées, et qu'on ne doit attendre d'elles que de la solidité et du courage. Les autres disent que les *Vice-Rois* de *Naples* et de *Sicile* furent offensés qu'on ne leur eût pas communiqué le secret de cette entreprise ; et, qu'indignés de voir que le *Roi* avait montré plus de confiance à un autre qu'à eux, ils avaient suscité toutes les difficultés possibles. Il ne manque pas de gens qui, familiers avec les intrigues de Cour, affirment que les principaux ministres des *Rois* se coupent volontiers les uns aux autres, autant qu'ils le peuvent, le chemin de la gloire et des honneurs, encore que ce soit au dam de leur Seigneur; ils en citent plusieurs exemples, et ne se montrent pas étonnés de ce que les ministres de *Naples* et de *Sicile* n'aient pas obéi promptement à des ordres qui ne pouvaient qu'accroître la gloire d'un autre (1).

***

(1) Les conclusions de Conestaggio sont fort justes en ce qui concerne l'hostilité manifestée au prince Doria par les Potentats et par les Vice-Rois de Naples et de Sicile; l'histoire nous apprend, d'ailleurs, combien de fois cette mauvaise volonté jalouse entrava les entreprises des Dorias. Il est intéressant pour l'observateur d'assister au spectacle de cette désobéissance et de ce désordre qui signalent les commencements de l'abaissement et de la ruine de la puissance espagnole. Il faut ajouter que l'expédition fut mal conçue. Le plan de l'aventurier français était bon et pouvait réussir: cinq cents hommes résolus, déguisés en matelots marchands, débarquaient un soir dans le port d'Alger, à la saison où la ville était sans défenseurs, égorgeaient le poste de la Marine, pétardaient la porte et se précipitaient dans la ville en appelant aux armes les vingt mille esclaves chrétiens qui s'y trouvaient; c'était hardi, mais faisable. Doria voulut modifier le projet, et appuyer la surprise par une flotte et une armée; il ne vit pas, qu'indépendamment des retards que devait fatalement entraîner la concentration de semblables forces, il serait impossible de faire naviguer cette *armada* sur la Méditerranée sans que tout le monde en eût connaissance, avant même qu'elle n'eût quitté le port; que, par suite, la surprise serait manquée, et se transformerait en une attaque régulière. Quand on en fut arrivé là, et qu'on s'aperçut que l'ennemi était prévenu, on ne put même pas tenter cette entreprise, parce qu'on n'avait embarqué qu'un mois de vivres. Il fallut donc revenir sur ses pas, et les grosses dépenses qui avaient été faites ne servirent absolument à rien. Combien eût-il été préférable de confier au capitaine Roux la petite troupe dont il demandait le commandement, tout en rassemblant aux Baléares des forces qui eussent appuyé le mouvement en cas de succès! Le dénouement de l'affaire fut la démission de Jean André Doria, profondément dégoûté par les intrigues qui s'agitaient autour de lui, et par les injustes accusations auxquelles il avait été en butte. — Il fut remplacé par Don Juan de Cardona.　　　　　　(H. de G.)

Mais, quoiqu'il en soit, on ne devrait pas aujourd'hui voir *Alger* continuer ses déprédations accoutumées au détriment et à la honte de la Chrétienté.

De Gênes, le 5 novembre 1601.

I. CONESTAGGIO.

ALGER. — TYPOGRAPHIE ADOLPHE JOURDAN.

www.ingramcontent.com/pod-product-compliance
Lightning Source LLC
LaVergne TN
LVHW012110030726
842523LV00002B/836